POURQUOI MON CHAT FAIT-IL ÇA ?

CAMILLE GENISSEL

TOUS SES COMPORTEMENTS DÉCODÉS

POURQUOI MON CHAT FAIT-IL ÇA ?

ulmer

Sommaire

Le partenaire idéal

Il y a de plus en plus de chats en France. À la fois affectueux et indépendants, ils séduisent beaucoup, car leur mode de vie correspond parfaitement au nôtre. Toutefois, notre quotidien actuel ne nous permet pas toujours d'être aussi disponibles qu'on le souhaiterait.

Les chats sont des animaux plutôt solitaires, parfois un peu grégaires. Avec eux, c'est « oui, mais non ». Ils sont la preuve que dans la vie, nous n'avons pas toujours à choisir entre sécurité et liberté. Que ce soit dans le domaine professionnel ou personnel, vaut-il mieux être libre ? Ou se sentir en sécurité ? Eh bien, les deux sont possibles ! Les chats en sont la preuve !

Ils sont la seule espèce à avoir obtenu la sécurité tout en conservant les avantages de la domestication et de la vie en famille humaine : le confort, la chaleur, la nourriture, être logés et câlinés tout en gardant leur totale liberté (pour les chats en maison avec chatière). Ils peuvent aller et venir à leur guise, libres d'errer sur un territoire qui leur convient, souvent impossible à délimiter. Ils sont assez agiles pour rendre visite aux voisins, revenir et chasser, bien qu'ils aient des croquettes à disposition à la maison. Tout le monde accepte (ou a été obligé d'accepter) de voir des chats errer en liberté.

Les chats sont donc des partenaires affectifs idéaux : de leur côté, ils sont parfaitement heureux, et du nôtre, nous recevons l'affection désirée dans une société où nous sommes tous de plus en plus seuls. Nous pouvons quitter la maison relativement facilement toute la journée, voire pour un court séjour, sans contraintes pour le chat. Humains et chats bénéficient ainsi autant des avantages de ce partenariat que de leur propre liberté. Elle n'est pas belle, la vie ?

Le chat comble donc nos manques affectifs et nous montre le chemin de la liberté et de la sécurité en créant et maintenant un lien entre nous et la nature. Ce livre explique certains de leurs comportements et attitudes.

LA RELATION AVEC NOUS

Proche, mais pas trop

Le chat apprécie le contact avec les humains, mais déteste ne pas en être à l'initiative. Il a même développé le miaulement uniquement pour communiquer avec les humains (seulement quand il le souhaite !).

Le chat est proche de l'humain...

Le chat et l'humain collaborent depuis des millénaires. L'objectif de ce partenariat était au départ qu'il nous débarrasse des souris. Le chat se nourrissait donc facilement tout en vivant en sécurité dans nos maisons. Car il n'est pas seulement un prédateur, il est aussi une proie. Il doit donc pouvoir chasser sans se faire chasser.

... mais pas trop non plus

Le chat nous aime et il est courant d'observer une relation fusionnelle humain-chat, mais contrairement au chien, il n'est pas complètement dépendant de l'humain. Il peut vivre seul pendant quelques jours à condition d'avoir tout ce qu'il faut : litière, nourriture, eau et une personne qui vient régulièrement vérifier si tout va bien (selon la durée de notre absence). On ne peut pas l'emmener partout avec nous au risque de le stresser, son territoire étant très important pour lui. De même, il n'aime pas toujours les contacts et les caresses...

Des câlins ou des griffes ?

Les chats aiment les câlins s'ils y ont été habitués régulièrement. Ils ne vivent pas avec nous uniquement pour la nourriture et le confort : ils aiment tout simplement *être* avec nous. Toutefois, ce n'est pas parce qu'un chat vient sur vos genoux qu'il a envie d'être caressé. Certains chats griffent ou mordent lorsqu'on les caresse. Le mieux est de laisser le chat décider du contact et surtout de l'observer. S'il commence à tourner la tête, à garder les yeux ouverts et/ou à baisser les oreilles, c'est qu'il en a assez. Il convient alors d'arrêter de le caresser sans pour autant le faire descendre de nos genoux.

Le chat nous parle

On dit souvent qu'il ne lui manque que la parole mais il l'a ! Il suffit de l'écouter et de l'observer. Votre chat sait comment vous fonctionnez et ce qu'il doit faire pour avoir ce dont il a besoin. Il utilise différents moyens pour communiquer avec vous.

Le miaulement

C'est le cri le plus utilisé par le chat. Son but est d'instaurer une communication et parfois un lien d'amitié. Ce cri est réservé à l'humain et s'accompagne en général d'un regard intense signifiant : « Écoute-moi, j'ai vraiment quelque chose d'important à te dire ».

Le ronronnement

Utilisé entre la chatte et ses petits, mais aussi entre le chat et l'humain, le ronronnement répond aux caresses — la détente et le confort en sont souvent la source —, mais il peut aussi être un signe de stress.

Le gros dos

Avec cette attitude, le chat montre qu'il est grand, gros et musclé — on dit qu'il fait « le crabe ». Le but est d'impressionner et même de provoquer, puisque c'est aussi un appel au jeu. Si le chat vous provoque de temps en temps avec ce comportement, c'est qu'il veut jouer avec vous.

Le feulement

Le chat l'utilise pour nous faire peur ou s'il se sent menacé. Son cri est impressionnant et son corps est tendu. Le but est d'éviter le conflit en faisant reculer l'adversaire. C'est un cri universel que tout le monde comprend.

Des contacts amicaux

On dit souvent que les chats sont indépendants. En réalité, ils n'ont simplement pas besoin de nous dès lors qu'ils vivent en maison avec chatière. En revanche, ils ont besoin de partager des moments avec nous. C'est quelque chose qu'ils nous demandent souvent, bien qu'on ne le comprenne pas toujours…

Le stylo qui tombe

Les chats montent souvent sur notre bureau pendant que l'on travaille, font tomber notre stylo et recommencent plusieurs fois. Nous trouvons cela amusant, mais en réalité, ils font cela pour attirer notre attention. Un chat s'ennuie, surtout s'il est en appartement ; il veut un câlin ou qu'on s'occupe de lui. C'est un message à prendre en considération. Jouer avec lui renforcera notre lien.

La souris en cadeau

Les chats aiment chasser et nous rapporter des souris. Nous n'apprécions pas particulièrement ce cadeau, alors que pour lui, ça veut dire beaucoup. Imaginez que vous passiez du temps à aller chercher votre nourriture préférée, en risquant votre vie et en dépensant beaucoup d'énergie. De retour chez vous, où votre enfant vous attend, vous lui donnez cette nourriture. C'est exactement ce que font nos chats : nous donner leur précieux butin, car ils nous aiment vraiment.

Le clignement des yeux

C'est un signal d'apaisement souvent utilisé. En clignant des yeux, le chat nous signifie qu'il est calme et cherche à nous apaiser en retour. Nous avons tous vécu cette situation : nous sommes sur le canapé, le chat s'assoit sur la table basse et nous regarde. On lui parle et il cligne des yeux tranquillement — il nous fait entrer dans son monde de détente.

Des moments partagés

On prend souvent le temps de jouer avec notre chien, mais malheureusement plus rarement avec notre chat, surtout s'il peut sortir — les moments de partage sont plus rares. Plus vous partagez de temps et d'activités avec lui, plus votre lien sera fort.

Réclamer de l'attention

Le chat vient souvent nous demander à manger alors que sa gamelle est pleine. Cela signifie que ce n'est pas vraiment la raison de sa venue et qu'il souhaite plutôt partager un moment avec nous. On le croise régulièrement dans la journée, mais il n'obtient rien d'autre qu'une petite caresse en passant. Réclamer à manger est donc souvent le seul moyen qu'il trouve pour rallonger le temps où l'on s'occupe de lui. Si on lui donne plus d'attention, il ne sera plus obligé de faire ça.

Dans le jardin

Il est tout à fait possible de jouer avec son chat dans le jardin, comme on le ferait avec son chien : faire bouger une brindille sur le sol, lui lancer une petite balle — en plus, certains chats la rapportent! Le chat nous accompagne d'ailleurs souvent pendant que l'on jardine.

Sur le canapé

La journée, chacun vit sa vie. Quand vient le soir, on se retrouve naturellement sur le canapé pour un câlin. Le chat, routinier, connaît l'horaire et il est souvent installé avant nous, à nous attendre.

Un lit chaud & confortable

Les chats aiment dormir avec nous. Le lit est chaud et confortable. Pour nous, c'est un bonheur: le ronronnement du chat peut être une vraie thérapie. Pour lui comme pour vous, ce sont de très bons moments. Puisque nous partageons moins d'activités à l'extérieur, autant en partager le plus possible à l'intérieur!

L'UNIVERS DU CHAT

Chat de maison ou d'appartement ?

Certains chats s'adaptent mieux à la vie enfermé que d'autres, mais en général, ils ont besoin de chasser et de courir. Un appartement est donc moins bien adapté qu'une maison. Cependant, il existe des possibilités pour lui offrir une vie acceptable.

Chat de liberté

Soit un chat normal ! Les chats sont libres par nature et détestent la contrainte. Tous les chats (comme tous les animaux) devraient pouvoir avoir une chatière et être libres d'aller et venir. Plus vous mettrez de limites à un chat, plus il sera frustré et souhaitera les franchir.

Appartement *vs* maison

Les chats d'appartement n'existent pas ! Tous les chats sont faits pour être dehors. Certains s'adaptent plus facilement à la vie confinée que d'autres, mais ils seront toujours plus heureux en maison. Il est toutefois possible de trouver un appartement au rez-de-chaussée, de fixer une petite échelle depuis le balcon ou de sortir le chat en laisse. Tout cela est réalisable si l'environnement le permet : en effet, mieux vaut un chat qui ne sort jamais qu'un chat renversé par une voiture. Il s'agit donc de trouver un compromis entre son besoin de liberté et la balade au bord de l'autoroute… Concernant le déménagement, il est évidemment plus simple de passer d'un appartement à une maison que l'inverse (voir page 55).

Une journée de chat

Le chat nous ressemble beaucoup : il aime être chez lui, se sentir en sécurité, le confort et la chaleur d'une maison, mais a aussi besoin de sortir, de rencontrer d'autres chats et de chasser. Son comportement n'est pas le même selon qu'il est à l'intérieur ou à l'extérieur.

Il dort beaucoup

Un chat peut dormir jusqu'à 16 h par jour. Comme tous les carnivores, il dort beaucoup, surtout s'il a la possibilité de sortir se dépenser et de manger des rongeurs. La digestion de proies crues demande de l'énergie, il a donc besoin de repos. Il peut s'assoupir un peu partout dans la maison, mais il faut savoir que le chat s'organise en « aires ». Son aire de repos favorite se situe souvent dans notre chambre, sur le canapé ou sur une chaise. L'idéal est un endroit caché, où il se sent en sécurité. Évidemment, c'est lui seul qui décide de son aire de repos préférée (voir également page 22).

Il chasse

Le chat est un prédateur qui chasse 4 h par jour en moyenne. C'est un besoin viscéral. Le but n'est pas toujours de manger une proie (tout dépend du chat), mais plutôt de chasser — c'est l'action en elle-même qui lui plaît. Il chasse aussi bien de manière active que passive en restant près d'un trou de souris pendant des heures. Le chat va chercher sa nourriture dans un lieu public, à l'extérieur du jardin (zone de chasse souvent éloignée de la maison), puis rapporte ses proies et les mange tranquillement chez lui.

Il observe

Le chat aime beaucoup se reposer sans dormir, passer du temps à observer, à se détendre et changer d'endroit régulièrement dans la journée. Il est un modèle pour les humains qui veulent prendre du temps pour eux et être dans l'instant. Il aime aussi se prélasser près de nous. Mais attention, si votre chat passe la majorité de son temps à dormir en appartement, ce n'est pas parce qu'il aime ça, mais peut-être parce qu'il n'a rien d'autre à faire.

Un espace organisé

Intelligent et ritualisé, le chat organise son territoire en le divisant en plusieurs aires que vous devez respecter sans les perturber. Le chat choisit seul ses lieux favoris !

L'aire d'alimentation

Elle doit être éloignée de son aire d'élimination et de votre propre lieu de repas. Mieux vaut éviter certaines pièces comme la salle à manger pour que votre chat ne confonde pas votre assiette avec son écuelle et vienne grignoter votre repas.

L'aire d'élimination

La litière du chat doit être placée dans un endroit tranquille, facilement accessible et loin de son aire d'alimentation.
À l'extérieur, les chats font général leurs besoins à proximité de la maison (puisqu'ils sont plus vulnérables à ce moment-là) et sur des sols meubles pour recouvrir facilement, comme le potager du jardin. Comme nous, il leur faut un lieu intime et tranquille qui soit toujours propre.

L'aire de repos

Ce lieu évolue au cours de la journée en fonction de l'ensoleillement et des sources de chaleur. Il se situe souvent dans les chambres ou sur le canapé du salon.
Le chat, en tant que proie, cherchera généralement à se percher en hauteur pour se sentir en sécurité là où il dort et observer à loisir ce qui se passe dans la maison.

L'aire de jeu

L'aire de jeu est située dans la maison et/ou autour. Pour jouer tranquillement et sereinement, il faut un lieu sécurisant. Le chat peut jouer des heures avec tout ce qui est petit, bouge et ressemble donc à une proie. Jouer avec son chat permet de renforcer le lien qui nous unit.

L'aire de chasse

Les chats chassent à l'extérieur et assez loin du jardin. Ils rapportent ensuite leur proie pour jouer avec ou la manger dans une zone plus sécurisante : près de la maison.

En hauteur

La maison peut être un super terrain de jeu pour un chat. Il vit dans cet espace en 3 dimensions et utilise les différents lieux selon ses besoins et le contexte. S'il veut jouer ou se mettre en sécurité, il grimpera... ce qui irrite certains humains, qui n'aiment pas toujours le retrouver sur la table ou dans le lit.

Les lieux d'observation

Les chats aiment se positionner en hauteur et y rester assis, sans bouger, pendant un bon moment. Ils nous observent, observent leur habitat et les différents mouvements. Ils se reposent et passent de bons moments en notre présence.

Les meubles

Les chats se mettent en sécurité sur les meubles. Ils peuvent y observer la vie de la maison et/ou y manger lorsque les gamelles y sont placées. Si un chien est aussi présent dans la maison, le chat peut s'y réfugier pour ne plus être poursuivi — au détriment des humains qui n'apprécient pas toujours de voir le chat sur le plan de travail de la cuisine…

Le canapé

Les chats aiment beaucoup se reposer sur le canapé. C'est un lieu en hauteur, confortable et avec une bonne vue. Il permet aussi des super-câlins avec sa famille. Cependant, il est préférable que le chat puisse avoir accès à un griffoir ou de bien choisir la matière du canapé pour éviter qu'il n'y fasse ses griffes.

Activités d'intérieur

Les chats s'ennuient plus facilement en appartement, il est donc essentiel de leur proposer des activités pour les occuper. Le principe est d'enrichir leur environnement et de compenser le manque de nature. Différentes possibilités s'offrent à vous...

L'arbre à chat

Un arbre à chat lui permet de grimper et de profiter pleinement de son espace en 3 dimensions. S'il est bien placé devant une fenêtre, c'est encore mieux. Le chat y passera ses journées à dormir ou à observer ce qu'il se passe dehors — c'est sa télévision !

Les jeux

Chez le chat, curieux par nature, le jeu est une simulation de chasse. Il est donc possible de jouer avec tout ce qui est petit et qui bouge. Déplacez un cordon sur le sol, faites rouler une balle en aluminium (bien tassée pour éviter qu'il n'en avale un morceau), allongez-vous et grattez le sol, secouer une plume... Tout ce qui est associé à sa façon de chasser fonctionne très bien. Vous pouvez cacher des croquettes un peu partout pour qu'il ait l'impression de traquer quelque chose. Cela évite l'ennui, ainsi qu'un accès trop facile à la nourriture pour des chats qui ne bougent pas beaucoup.

Lui accorder de l'attention

Les chats sont souvent obligés d'attirer notre attention pour que l'on passe du temps avec eux. Parfois, être simplement présent sans rien leur demander est un bon moyen d'instaurer un rapport de confiance et d'amour.

Sortir en toute sécurité

Les chats ne peuvent que très rarement se passer de l'extérieur. Un chat « d'intérieur », ça n'existe pas ! Les chats ont besoin de voir autre chose que leur « 4 murs ». Il faut trouver le meilleur moyen pour que votre chat puisse sortir, en toute sécurité bien sûr.

En liberté

Il est facile d'apprendre à un chat à être libre, car c'est exactement ce qu'il est. Il faut le garder enfermé au moins 3 semaines à l'intérieur pour qu'il comprenne que c'est là qu'il doit revenir. L'idéal est de choisir une maison ou un appartement au rez-de-chaussée, qui ne soit pas au bord d'une route trop passante pour éviter les accidents. Vous pourrez lui ouvrir la porte et la laisser ouverte lors des premières sorties. Il comprendra qu'il peut rentrer autant qu'il le veut et que sa sécurité est à l'intérieur.

En laisse

Tenir son chat en laisse permet de le sortir dans des milieux dangereux ou difficiles d'accès depuis un appartement en étage. Des sorties en laisse sont préférables à pas de sorties du tout. L'idéal est de progressivement familiariser le chat avec le matériel à l'intérieur, avant les sorties et sur des temps très courts pour commencer. Chaque fois que le chat accepte le contact avec le matériel, même quelques secondes, on peut le récompenser avec une friandise. Une fois qu'il est à l'aise avec le matériel, on peut le sortir.

Uniquement dans le jardin

Il est impossible de restreindre un chat sur son territoire. Il est le chef de son royaume et il s'y organise comme il le veut. La seule façon de l'empêcher d'aller au-delà du jardin est que celui-ci soit entouré de murs infranchissables ou d'installer un parc. Cela ne vaut pas la liberté, mais c'est tout de même mieux que de passer sa vie à l'intérieur. Il faut choisir entre sécurité et liberté, et entre risques et enfermement. Mefiez-vous cependant, les chats sont des bons grimpeurs, une simple clôture ne suffira pas.

Dehors

Le chat s'occupe facilement et naturellement tout seul dehors. Il chasse, joue avec ses congénères, grimpe aux arbres, court après les feuilles…

Les arbres

Le chat y fera ses griffes et y observera son territoire. Ce sera même son lieu de sécurité, où se cacher et se mettre à l'ombre. Ne pensez pas devoir secourir le chat dans l'arbre ! Il sait très bien redescendre tout seul ! C'est lui qui décide du moment idéal pour revenir sur la terre ferme : quand tout danger est écarté.

Les toits & les murets

Les chats se promènent souvent sur les toits, lieux privilégiés pour traverser leurs territoire en toute sécurité. Les accidents arrivent, mais les chats gèrent généralement très bien la situation. Les murets sont très utiles pour aller d'un jardin à l'autre et observer le voisinage. Ils sont parfois la frontière entre deux territoires et le lieu de rencontre public pour organiser une réunion féline ou régler un différent…

La chasse : manger ou jouer ?

Le chat chasse tout et n'importe quoi, pourvu que ce soit petit et que ça bouge (oiseaux, rongeurs...). Avec la domestication, les chats ont perdu un bout de leur chaîne comportementale de prédateur. Si leur mère ne montre pas l'exemple, ils ne mangeront pas leur proie. Tout dépend de l'exemple de maman chat : si elle chasse et mange sa proie, chaton fera de même. De toute façon, ils ont à manger à la maison.

Prêtez attention aux produits pour tuer les rongeurs : votre chat mourra s'il en ingère.

L'accès au « refuge »

Les chats préfèrent sortir tard le soir et tôt le matin. Ce qu'ils veulent, c'est chasser sans se faire chasser. Mais il est important de ne pas laisser votre chat dehors toute la nuit sans possibilité de repli. Il peut se retrouver à la merci d'autres prédateurs dont il est la proie. Il doit pouvoir se réfugier en sécurité dans sa maison.

Avec un peu de patience, il est très simple d'apprendre l'utilisation de la chatière à votre chat. C'est un endroit qui n'est pas naturel, voire dangereux pour lui. Dans la nature, il n'est pas habituel de se glisser dans ce genre de galerie. Le mieux est de respecter votre chat en lui proposant la chatière à chaque fois qu'il veut rentrer ou sortir. Vous pouvez commencer par laisser la trappe ouverte (il se sentira moins enfermé) et lui proposer une récompense de l'autre côté de la chatière.

CHAT DE NUIT, CHAT DE JOUR

La nuit

Le chat est un animal crépusculaire. La nuit est le moment où il est généralement le plus actif, ce qui peut compromettre la relation avec les humains.

Le tour du propriétaire

Lorsque votre chat sort la nuit, il consacre une bonne partie de son temps à explorer son territoire. Il peut parcourir plusieurs kilomètres. Il en profite pour marquer son territoire, en se frottant ici ou là, afin de s'y sentir comme à la maison et de signaler sa présence à ses voisins félins.

Le chasseur noctambule

La nuit, les chats chassent plus loin et plus longtemps : les proies sortent de leur cachette au crépuscule. Le problème, c'est qu'ils se mettent aussi plus facilement en danger. Ils traversent plus de routes et les phares les éblouissent — c'est la nuit que les chats se font le plus souvent renverser. Les bagarres entre chats sont plus fréquentes la nuit, puisqu'ils sont plus nombreux dehors. Si votre environnement n'est pas vraiment sécure pour un chat, il vaut mieux le laisser sortir le soir, et pas en pleine nuit.

Réveils nocturnes !

À l'état naturel, le chat mange la nuit. Il faut veiller à lui laisser à manger à disposition pour éviter qu'il nous réveille. Le chat qui ne peut pas sortir à sa guise est plus actif la nuit et viendra nous réveiller pour réclamer de l'attention. Gardez-le éveillé dans la journée dès que cela est possible : proposez-lui des séances de jeux ou de câlins et laissez à sa disposition un maximum de jouets.

Le jour

Son activité principale ? Dormir... Il passe environ 16 heures par jour à se reposer, mais pas que ! Il joue et observe son territoire, il mange et fait sa toilette.

Dormir

Le cycle de repos du chat est très différent du nôtre. Il se réveille presque toutes les 30 minutes, mais dort beaucoup. Un chat peut dormir dans beaucoup d'endroits différents, mais il faut que ces lieux soient adaptés : en hauteur et confortables ! Les chats aiment être au calme. Il faut les laisser se reposer tranquillement lorsque c'est le cas. Un chat réveillé en permanence sera anxieux et agressif.

La plupart des humains pensent que, puisque les chats dorment beaucoup, vivre en appartement leur convient. En réalité, ils n'ont rien d'autre à faire... Ils dorment beaucoup la journée, souvent parce qu'ils n'ont pas le choix.

Manger

Le chat fait plusieurs petits repas par jour : il mange souvent, mais peu. il est donc préférable de lui proposer des croquettes à volonté. Cela n'empêche pas de lui fournir un ou deux repas quotidiens, à base de nourriture humide. De plus, le chat étant un animal routinier, lui servir des repas à heure fixe (matin et soir par exemple) contribue à le rassurer.

Manipuler !

Les chats nous observent et agissent en fonction de ce qu'ils veulent. Ils savent que s'ils ont un certain comportement, nous allons y réagir, peut-être même dans leur intérêt. Par exemple, si votre chat a pour habitude de courir sous votre lit et que vous vous levez pour le faire sortir, vous lui apprenez que vous lui ouvrirez la porte à chaque fois qu'il fait ça !

Le crépuscule

Bien que le chat alterne les phases de réveil et de sommeil tout au long de la journée (jour et nuit), c'est un animal crépusculaire : il présente des pics d'activité au crépuscule. Cela correspond à la période de chasse, quand les petits animaux sont à découvert.

Le quart d'heure de folie

Ce comportement se manifeste chez tous les chats, même les plus calmes. Ils courent dans tous les sens et renversent tout sur leur passage. Ce quart d'heure a souvent lieu en fin de journée, au crépuscule. Parfois, il correspond au moment de la journée propice pour la chasse. Cependant, il s'agit souvent d'un moyen pour décharger l'énergie d'une journée trop ennuyeuse ou stressante. Cette conduite est donc amplifiée chez les chats qui ne sortent jamais.

Les copains

Les chats retrouvent d'autres chats à l'extérieur, surtout au crépuscule. Il arrive qu'ils se battent pour définir leur territoire, mais ils peuvent aussi s'arranger et s'organiser pour se retrouver tous les jours à la même heure et aller vadrouiller ensemble. Certains aiment chasser à deux. Les chats sont des animaux solitaires qui peuvent parfois créer des liens.

La chasse

Le crépuscule est le moment parfait pour chasser ! Le chat est à l'affût et peut choisir entre deux techniques : la chasse passive (se montrer patient) et la chasse active (traquer et poursuivre l'animal). Les chats peuvent chasser même après avoir mangé, ils ressentent surtout un grand désir de jouer. La proie, en bougeant et en couinant, le stimule.

L'INTIMITÉ DU CHAT

C'est du propre !

Les chats consacrent chaque jour 3 à 4 h à leur toilette ! Ce sont des animaux naturellement propres, qui ont besoin d'espaces intimes et personnels. Ils ne font rien par hasard ni à n'importe quel endroit.

La toilette

Le chat consacre beaucoup de temps à faire sa toilette… pour être plus beau, mais surtout pour préserver sa santé. En effet, en passant sa langue sur ses poils, il les étire, ce qui produit un genre de sébum, une substance qui protège et imperméabilise son pelage. Lécher cette substance lui permet aussi d'ingérer la vitamine D qu'elle contient, indispensable à la santé de ses os et de ses dents. Bien sûr, cette toilette lui permet aussi de lustrer son pelage, de se débarrasser des poussières, des parasites et des poils morts. Son petit rituel débute par la tête, puis les pattes avant, les épaules, le ventre, les flancs, les parties génitales, et se termine par la queue et les pattes arrière.

En intérieur & dehors

Les aires d'élimination du chat sont réparties en fonction du territoire. À l'intérieur de nos maisons, la litière est souvent placée dans la salle de bains ou la buanderie, pièces parfaitement adaptées car loin des lieux de passage. Il doit y avoir plus de litières que de chats présents.
En extérieur, le chat aime les sols meubles pour pouvoir recouvrir les déjections et ne pas éveiller la curiosité des prédateurs.

Sur le panier du chien

Les chats sont les rois de leur territoire ! Lorsqu'un chien est présent dans la maison, il n'est pas rare que le chat urine sur son lieu de couchage. Même si le chien et le chat s'entendent plutôt bien (si le chien ne court pas après le chat et s'ils partagent des bons moments), le chat peut faire remarquer au chien et à sa famille que c'est chez lui. Cela lui permet aussi de se rassurer en se le prouvant à lui-même.

Sur le lit

Le lit est l'un des lieux préférés du chat pour uriner en dehors de sa litière. La raison principale en est la matière : le chat adore uriner sur les tissus mous et confortables, comme les couettes et les draps. L'inconvénient, c'est qu'une fois que le chat a uriné dans le lit, il a tendance à recommencer. Pour éviter cela, ne nettoyez pas avec de l'eau de Javel, ce qui l'attirerait davantage.
Pour éviter les récidives, proposez-lui une litière propre en permanence, à l'abri des regards et d'une matière idéale pour lui (et chaque chat est différent et a ses préférences). Le principal est d'éviter les litières à odeur chimique et à fines particules qui peuvent causer des problèmes de santé.

Marquages de territoire

Les chats marquent leur territoire de différentes manières et selon les situations. Nous ne nous en rendons pas compte, mais nous aussi. Par exemple, nous mettons nos photos et nos affaires un peu partout dans un nouvel endroit, nous posons notre sac à main sur le siège d'à côté dans le bus, etc.

Les griffades

Il arrive que les chats fassent leurs griffes sur le canapé par exemple. Ces griffades leur servent à marquer le territoire, toujours dans les lieux qui leur sont proches (dans la maison ou juste autour). Il s'agit d'un comportement normal, surtout si la matière est intéressante pour lui. Si votre chat le fait de manière excessive, cela peut être le signe d'un stress : consultez un coach comportementaliste.

Le marquage urinaire

Il est surtout utilisé à l'extérieur (dans le jardin) et permet au chat de baliser sa trajectoire. Si un autre chat est présent dans le secteur, il l'utilisera comme une clôture pour lui signifier les limites de son territoire. L'objectif est de faire un jet le plus haut et le plus large possible. Pour ce faire, le chat se dresse sur ses pattes arrière en laissant les pattes avant au sol et il se penche de gauche à droite. Si le marquage urinaire est utilisé à l'intérieur de la maison, c'est le signe d'un mal-être qui peut avoir plusieurs origines : déménagement, stress ou cohabitation avec un autre chat.

Les chats marquent leur territoire en urinant sur certains endroits cibles. Parfois, le lieu est en rapport avec la cause du stress, parfois non. Il faut toujours commencer par éliminer un éventuel problème de santé. Un coach comportementaliste animalier peut vous aider à trouver la cause du stress.

Les frottements

Les chats se frottent souvent la joue contre notre jambe et contre les meubles. Ils font cela sur les personnes proches et à l'intérieur de la maison. Souvent, ils utilisent ce marquage lorsque nous sentons une nouvelle odeur, en rentrant de notre journée par exemple. Ce comportement sert à remettre leurs phéromones sur nous, mais aussi à nous signifier leur bonheur de nous retrouver. Ces phéromones sont inodores et incolores pour l'humain. Les chats se frottent aussi régulièrement sur nos chaussures pour en analyser l'odeur.

UN FIN GOURMET

Respecter sa nature

Les chats savent souvent ce qui est bon pour eux, bien davantage que nous, qui pouvons consommer des céréales industrielles à chaque petit déjeuner ! Notre objectif en tant qu'humain est de comprendre ce que le chat mangerait dans la nature, pour « mettre la bonne essence dans le bon moteur ».

Au naturel

Le chat est un animal qui possède toutes les caractéristiques des carnivores : des crocs, un estomac et des reins assez importants par rapport à la taille de son corps et un transit court. En termes de comportement, cela se traduit par une attirance envers tout ce qui est petit et bouge, qui déclenche la poursuite et l'attaque.

Un carnivore

Le chat est un carnivore. Ses proies préférées sont les rongeurs et les oiseaux, mais certains chats peuvent s'attaquer à des lapins. Il est donc intéressant de lui donner ce dont il a besoin. Des croquettes à la souris? Cela ne paraît pas plus surprenant que des croquettes au bœuf, car avez-vous déjà vu un chat chasser un bœuf?

Vous pouvez lui donner du blanc de poulet cuit et une base de bonnes croquettes (sans céréales et avec de la viande en grande quantité). Le blanc de poulet à lui seul ne suffit pas à nourrir complètement le chat, qui aurait besoin du corps de la souris en entier. Un jaune d'œuf régulièrement et votre chat sera le plus heureux.

Les poubelles

Les chats déchirent souvent les poubelles, qui contiennent parfois des aliments bien plus intéressants que des croquettes toutes sèches. Pour éviter se désagrément, le mieux est de protéger vos poubelles et de varier sa nourriture avec un maximum de produits non transformés.

La régurgitation

Certains chats vomissent juste après le repas. S'ils mangent trop d'un coup et trop vite, le repas ressort presque intact. Ce n'est pas grave pour la santé du chat, mais il est possible de limiter ce problème en adaptant son alimentation et en lui donnant accès à plusieurs petits repas dans la journée — c'est ce qui lui convient le mieux. S'il a de la nourriture à disposition, il sera moins frustré et gloutonnera moins.

L'eau

Votre chat doit toujours avoir de l'eau à disposition, surtout s'il mange des croquettes, aliments déshydratés. Or, le manque d'eau peut créer des problèmes urinaires. Une gamelle d'eau toujours à disposition peut suffire, mais il existe d'autres possibilités.

Les flaques

Les chats aiment boire dans les flaques d'eau. C'est très bien et naturel, mais il faut vérifier que l'eau ne soit pas polluée par des produits toxiques. Les chatons n'en ont pas toujours le réflexe.

La gamelle

Pensez à changer régulièrement la gamelle de votre chat à cause du calcaire. Elle doit être assez lourde pour éviter que le chat ne la déplace pour faire bouger l'eau (toujours parce qu'il préfère l'eau en mouvement) et la renverse...

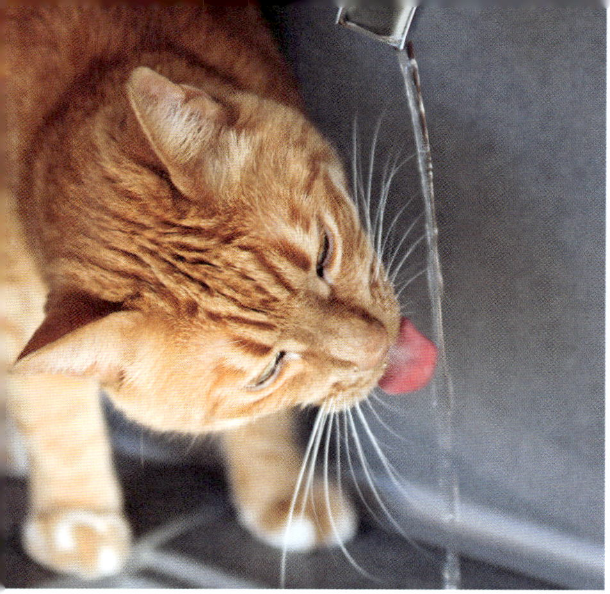

Le robinet

Beaucoup de chats aiment boire au robinet parce que l'eau coule. Dans la nature, l'eau stagnante signifie maladie potentielle, car les bactéries peuvent s'y développer. Les chats aiment donc boire l'eau en mouvance, qui les amuse et les rassure. Par contre, ce n'est toujours facile d'accès. Vous pouvez lui acheter une fontaine à eau prévue à cet effet. Il boira plus et il en sera heureux.

Comestible ou pas ?

Les chats mangent tout ce qui leur convient. Par contre, il y a une différence entre ce qui est comestible pour eux et ce que, nous, nous estimons comestible pour eux. Selon eux, leurs croquettes devraient être aux oiseaux et aux souris !

Les souris

La souris est la proie favorite du chat. Il doit en manger 8 à 10 par jour pour couvrir ses besoins quotidiens (s'il n'a pas de croquettes évidemment). La souris contient exactement tout ce dont le chat a besoin, comme la taurine. Nous ne percevons pas cela comme quelque chose de normal, puisque nous ne mangeons pas de souris, mais cela ne pose aucun problème au chat, qui est fait pour ça.

Les poissons

Les chats ne mangent pas toujours les poissons, mais qu'ils jouent avec et les observent beaucoup (comme une télévision !). En terme d'alimentation, les poissons gras (types sardine ou saumon) peuvent être intéressants car ils apportent des protéines et des oméga 3.

Les oiseaux

Les chats s'attaquent aux oiseaux (il est très difficile de mesurer l'impact exact des chats sur les populations d'oiseaux), mais ils tuent davantage de souris.
Il est rare que les chats s'attaquent aux lapins.

Les chats adorent manger les plantes

Certaines sont utiles à sa santé, d'autres toxiques. Manger de l'herbe permet au chat de se faire vomir, pour évacuer les boules de poils morts qu'il ingère en se toilettant. C'est un besoin naturel auquel vous devez pourvoir en mettant à sa disposition de l'herbe à chats. Cela lui évitera de manger vos plantes vertes, qui pour certaines sont très toxiques pour lui. Citons-en quelques-unes : l'étoile de Noël, les azlaées, le Ficus benjamina*, le dragonnier, l'amaryllis, le muguet…*

DÉMÉNAGEMENT

Quel stress !

Les chats sont des animaux territoriaux : ils aiment leur zone de confort, les lieux qu'ils connaissent depuis longtemps. Un déménagement n'est pas anodin et peut générer un grand stress chez le chat. Il ne faut donc pas procéder n'importe comment.

Les cartons

Faire les cartons plusieurs jours à l'avance avant le déménagement stressera le chat, mais commencera aussi à le préparer. Il est important de procéder progressivement et de le laisser sentir les changements de la maison. Par exemple, vous pouvez lui donner l'autorisation de faire ses griffes sur quelques cartons pour le rassurer.

Le nouveau territoire

Le chat connaît son ancien territoire par cœur : il sait de quoi se méfier, où observer tranquillement et où se réfugier. Il s'est organisé en différentes aires et votre déménagement va lui faire perdre tous ses repères ! Il va se retrouver soudainement livré à lui-même dans un endroit inconnu. Afin de l'habituer à son nouvel environnement progressivement et sans trop de stress, il faut procéder par étapes : l'enfermer dans une pièce avec tout ce qu'il lui faut (litière, gamelle d'eau et nourriture, jeux, arbre à chat, etc.), puis lui ouvrir lorsqu'il le demande et lorsque c'est possible, lui donner accès au reste du logement (voir également pages suivantes).

Les points de repères

Le chat dépose ses phéromones régulièrement sur les meubles de la maison. Ce sont des indices qui lui permettent de se situer et de se rassurer. Le mieux est de déplacer tous vos meubles et cartons en premier et de déplacer le chat en dernier dans le nouveau logement. Ainsi, il retrouvera ses points de repère et sera moins stressé.

Le nouveau logement

Ce nouveau lieu est peut-être mieux pour vous, mais l'est-il pour votre chat ? Tous ces changements sont très déstabilisants pour lui. Mieux vaut procéder par étapes…

La pièce du chat

Les premières heures, vous pouvez mettre votre chat dans une pièce qui lui sera dédiée avec tout ce dont il a besoin : un espace jeu avec son arbre à chat et des jouets, un espace d'élimination avec sa litière, un espace de repos avec un panier confortable dans lequel il avait l'habitude d'aller… Placez sa gamelle loin de sa litière : on ne mange pas dans ses toilettes ! Laissez votre chat quelques heures en sécurité pendant que vous finissez votre déménagement. Il aura le temps d'y prendre ses aises en utilisant les différents espaces. Il ne doit pas être stressé par le fait d'être enfermé dans cette pièce : le cas échéant, ouvrez-lui la porte.

Les autres pièces de la maison

Une fois le calme revenu, les cartons vidés et les meubles en place, ouvrez-lui la porte. Il prendra peu à peu ses repères. Faites lui découvrir le nouveau logement petit à petit et pièce par pièce lorsque cela est possible. Son territoire doit s'agrandir progressivement.

L'accès à l'extérieur

Après 2-3 semaines passées sur place et une fois le chat à l'aise dans sa nouvelle maison, vous pourrez le laisser sortir. Un jour, au calme, laissez la porte ouverte. Il sortira de la maison pour y revenir et aller de plus en plus loin. Il est important de laisser la porte ouverte au début pour qu'il puisse revenir quand il le souhaite. Vous pouvez aussi faire l'adaptation en laisse, si cela vous rassure et si le chat y est habitué, mais l'idéal est de le laisser libre de ses mouvements.

CHIENS & CHATS

Deux mondes différents

La cohabitation entre le chat et le chien peut s'avérer dangereuse ou stressante pour exx. On ne peut pas mettre n'importe quel chat avec n'importe quel chien, n'importe comment, sans comprendre ni respecter la nature de chaque espèce.

S'entendre comme chien et chat

Cette expression atteste que les deux espèces ne s'entendent pas toujours ! Le chat n'a pas forcément envie de partager sa vie avec un individu censé le manger et le chien ne pense qu'à une chose : courir après le chat. La rencontre doit être progressive, et il ne faut jamais laisser le chien seul et libre avec le chat.

Le chat était là avant

L'arrivée du chien ne doit pas perturber le chat et sa vie d'avant. Le chat voit débarquer un prédateur dans un lieu où il se sentait en sécurité et serein, ce qui ne sera plus le cas la majeure partie du temps. Il faut interdire au chien de courir après le chat, même si c'est uniquement pour jouer, car le stress et l'anxiété générés pourront créer chez le chat un départ de la maison ou des problèmes de comportement : malpropreté et agressivité, y compris envers l'humain. Le chat doit être protégé. Pour cela, bien dépenser le chien peut être un bon point pour son équilibre ; celui lui permettra aussi de dormir à son retour et de laisser le chat tranquille.

Le chien était là avant

Le chien risque de prendre le chaton ou le chat adulte arrivant pour une proie, surtout s'il n'a jamais été habitué aux chats. C'est dangereux. Il faut procéder par étapes et brider le chien, quitte à le tenir en laisse. Ils doivent pouvoir s'observer grâce à un escalier par exemple, auquel le chien n'a pas accès. Si le chien avait accès à cette partie de la maison avant l'arrivée du chat, il faut préparer l'arrivée et commencer à organiser les différents accès. Le chat à l'étage et le chien au rez-de-chaussée est une bonne organisation au vu du fonctionnement des deux espèces. Évidemment, le chat peut à tout moment descendre au rez-de-chaussée mais vous devez le protéger contre toute poursuite ou agression.

Le jeu du chien et du chat

Le chien joue souvent à courir après le chat, qui lui, joue rarement. Imaginez un peu: chez vous, dans un lieu où vous vous sentez en sécurité, un individu censé vous manger peut à tout moment vous courir après, et ce, à chacun de vos déplacements. Stressant, non?

Le jeu de la proie

Le chat aime beaucoup se cacher, sauter sur le chien au dernier moment et s'enfuir rapidement pour le semer. Le chien, souvent désarçonné, se laisse facilement avoir par quelques coups de pattes. Le coup de patte reste d'ailleurs un excellent moyen d'éduquer un chien lorsqu'on est un chat! Les chiens s'en méfient beaucoup.

Le jeu de la bagarre

Les chiens et les chats sont très différents, mais ils sont capables de s'adapter l'un à l'autre, y compris pour jouer à la bagarre. Le jeu est toujours une forme de simulation de combat, peu importe l'espèce. Chat et chien ont donc un grand point commun. Le chien dispose de la force et le chat de la rapidité et de l'agilité. Si une relation étroite les unit, ils peuvent jouer sans se blesser. Attention cependant à toujours jeter un œil pour éviter que cela dégénère.

Partager son panier avec le chien?

Certains chiens ne veulent pas partager avec le chat leur panier confortable et grognent. Dans ce cas, le mieux est de les laisser s'arranger entre eux s'il n'y a pas de risque pour le chat. Le grognement est universel et le chat comprendra rapidement qu'il n'est pas le bienvenu. Parfois, ils partagent leur couchage et dorment ensemble. Cet arrangement leur appartient, mais il faut toujours leur laisser la possibilité d'aller dormir ailleurs.

ENTRE CHATS

Faire équipe

Animal plutôt soliraire, le chat peut aussi bien s'entendre, voire se lier d'une profonde amitié pour un congénère. De façon généréle, les chats peuvent collaborer et s'associer, lorsque chaque individu y trouve un intérêt.

L'amitié chez le chat

On peut observer de belles amitiés entre chats : certains viennent à la fenêtre du copain pour sortir, comme des adolescents, toujours à la même heure. L'été, ils partent même pour une bonne partie de la nuit. Certains chats sont fusionnels et sont capables de rester tout le temps ensemble. Cette amitié est comme chez l'humain, selon les ressentis et les tempéraments de chacun. C'est aussi une question d'habitude à côtoyer des chats.

Proches amis

Les chats qui se frottent l'un contre l'autre sont des amis proches ou du moins entretiennent une étroite relation. On peut l'observer au sein de certains foyers ayant deux chats qui se connaissent depuis longtemps. Ils se protègent l'un l'autre face aux ennemis. Il est préférable de ne jamais séparer deux chats qui s'aiment.

Bêtises à deux

Si les chats se sentent en sécurité les uns avec les autres, ils peuvent faire des bêtises en coopérant (comme ouvrir une porte ou aller uriner sur la couette). Ils peuvent aussi partager leur nourriture et manger l'un à côté de l'autre.

Le léchage mutuel

La toilette est un comportement qui prend 3 à 4 h par jour chez le chat. La mère toilette ses chatons et leur apprend ainsi comment faire. Lorsque deux chats le font à l'âge adulte, cela signifie qu'il y a un attachement important entre les deux. Ce n'est pas si courant chez le chat.

Chacun pour soi

Les chats sont capables d'être très égoïstes mais ils peuvent aussi s'arranger à partir du moment où chacun n'embête pas l'autre et si tout le monde respecte les règles.

Les réunions

Les chats ne sont pas vraiment faits pour vivre en groupe, mais ils se réunissent régulièrement dans les rues. Il n'est pas rare de voir plusieurs chats qui s'observent d'un trottoir à l'autre. Cela leur permet de s'organiser. C'est un peu comme une réunion entre voisins.

Les horaires

Les chats ne peuvent pas se retrouver à plusieurs sur la même aire de chasse. Bien que ce soit une aire publique, cela nécessite une organisation. Les chats s'entendent donc sur des horaires : le chat 1 y va de 18 h à 20 h et le chat 2 de 20 h à 22 h, par exemple. Un peu comme lorsqu'on loue un cours de tennis. Ainsi, ils évitent les conflits et peuvent tous chasser, dans la limite du raisonnable du nombre de chats souhaitant chasser sur le même terrain.

Les bagarres

Dans la nature, ce n'est dans l'intérêt de personne de se bagarrer et de blesser. Cependant, si la communication passive et les discussions ne suffisent pas à régler le conflit, le combat est inévitable. Ces bagarres ont pour but de régler le litige. Les coups de pattes dégénèrent rapidement en combats assez violents, créant souvent des abcès : le risque d'infection est important et il faut consulter un vétérinaire.

On partage ?

Les animaux ne possèdent pas toujours le sens du partage mais certains l'ont plus que d'autre. Tout dépend de ce qu'ils doivent partager ! Certaines choses ont plus de valeur que d'autres et il est plus difficile de les partager.

L'eau et les repas

Les chats peuvent partager la même gamelle d'eau et boire ensemble. Cela ne déclenche généralement aucune agressivité entre eux. Les repas sont souvent partagés, mais bien que les chats se battent rarement pour les gamelles de nourriture, cela crée des tensions qui ne sont pas négligeables. Un chat sur deux arrête de manger pour laisser son copain manger. Souvent, comme nous ne le faisons pas, ils régulent d'eux-mêmes l'accès à la nourriture en mangeant en décalé. Si on laisse à manger à disposition aux chats toute la journée, ils peuvent ainsi s'organiser comme bon leur semble.

Sa maison

Il arrive souvent qu'on adopte deux chats, notamment quand on les choisit en refuge. S'ils semblent bien s'entrendre, le nombre inhibe parfois les comportements. Une fois à la maison, il faut équitablement partager le territoire, aussi grand soit-il, entre les deux chats. Il se peut que certains chats s'entendent bien en refuge, mais pas du tout au sein de la maison.

Le dernier chat arrivé dans un foyer est et reste le dernier arrivé. Les autres chats ont tendance à le poursuivre, voire à le harceler. Souvent, les chats en appartement, lorsqu'ils sont plusieurs, ont tendance à tourmenter l'un des leurs — qui se retrouve contraint de rester sous le lit ou caché. Les chats harceleurs le sont parce qu'ils n'ont pas d'autres activités.

Cohabiter ? oui, mais...

Le comportement du chat est paradoxal : capable d'être très sociable et de s'allier à un congénère, notamment pour faire des bétises, il reste très solitaire. La cohabitation entre chats est donc parfois compliquée.

Configuration idéale

Il est souhaitable d'avoir un espace proportionnel au nombre de chats (afin qu'ils ne soient pas les uns les autres, en appartement par ex.) et de toujours choisir des chats de sexe opposé et à peu près du même âge. L'adoption peut se faire si les chats ont déjà été habitués à côtoyer d'autres chats dès leur naissance.

Les chats ne sont pas des animaux qui vivent en groupe. Avoir des activités sans leurs congénères évite l'ennui et leur est profitable.

Mâle & femelle

Certains mâles ne supportent pas la présence d'un autre mâle, surtout s'ils ne sont pas castrés. Les femelles, elles, acceptent plus facilement les autres femelles. Généralement, adopter deux chats de sexe opposé est le meilleur moyen de mettre toutes les chances de votre côté.

Chat âgé & chaton

Imaginez : vous avez 80 ans et devez cohabiter avec un ado de 15 ans ou bien élever un bébé. Vous n'avez pas la même vitalité, les même envies ni les même activités.

La cohabitation est souvent stressante pour le chat âgé qui n'aspire qu'à une chose : être tranquille et au calme. Le mieux est d'adopter des chats sans trop de différence d'âge et de laisser votre chat âgé finir sa vie tranquillement.

Le chat du voisin

La guerre des voisins est bien connue, autant chez l'humain que chez le chat. Plus le voisin est proche, plus les tensions augmentent. La nature n'aime pas la promiscuité entre les individus car cela sous-entend moins de ressources (y compris alimentaires) pour chacun et donc la mort possible de l'espèce entière. Il va donc falloir se mettre d'accord. Cela ne nous rappelle-t-il pas une autre espèce ?

Partager, si affinité !

Les chats de la maison s'organisent en fonction de leurs affinités. Vous avez choisi de vivre avec deux chats, mais eux n'ont pas forcément choisi leur colocataire félin. Ils s'organisent donc et se répartissent les lieux de couchage. Certains dorment ensemble, d'autres non. C'est une question d'affinités et du lien qui les unit.

ÉDUCATION & COMPORTE-MENT

La communication

Si vous souhaitez communiquer avec votre chat dans un but précis, il faudra vous armer de patience : il vaut mieux l'amener mine de rien à faire ou ne pas faire certaines choses plutôt que d'utiliser des techniques classiques pour le contraindre. Le chat fait ce qu'il veut !

Ne pas mordre

Inutile de gronder votre chat, vous ne ferez qu'empirer son stress et donc son agressivité. Ignorez votre chat et laissez-le en « plan » s'il vous mord ou proposez-lui des activités pour le défouler, car un chat mord souvent pour décharger son trop-plein d'énergie.

Se coucher au même endroit

Le chat s'organisant en différentes aires de repos, il est assez difficile de lui signifier de se coucher à tel endroit et pas tel à autre. Ces aires sont variables en fonction de son humeur et de ses envies. Toutefois, il est possible de repérer ce qu'il préfère : quel emplacement ? être caché ou non ? en hauteur ? sa matière favorite ? Proposez-lui ensuite un lieu qui répond à ses critères afin qu'il évite ceux qui vous dérangent. Cependant, le chat doit pouvoir avoir, en permanence, plusieurs choix de lieu de couchage.

Ne pas monter sur la table !

Le chat est un animal qui vit dans un environnement en 3 dimensions. Il aime grimper et se mettre en hauteur, ce qui lui permet d'observer et d'être en sécurité. Les tables sont donc des endroits très intéressants pour lui. Il paraît judicieux de trouver un compromis entre les besoins des humains et ceux du chat en lui laissant l'accès à un maximum de mobilier et en réservant la table à vos repas. S'il n'est pas frustré, ce sera plus facile de lui faire respecter cette règle.

L'apprentissage

Il est tout à fait possible d'apprendre des choses à son chat, encore faut-il que cela soit intéressant pour lui (sinon il s'en fiche !). Il faut aussi s'adapter à lui et lui offrir ce dont il a besoin. Tout est possible à condition de créer un lien de confiance et d'amour.

Lui interdire la chambre

Si le chat a accès à votre chambre, il y dormira en sécurité et partagera des moments câlins avec vous. Si vous préférez garder cet endroit rien qu'à vous, il suffit de fermer la porte. Il est difficile d'interdire un lieu aussi attrayant à un chat : vous répéterez toute la journée la même chose et perdrez votre son énergie !

Le rappeler

Rappeler son chat pour qu'il rentre à la maison est possible, mais pas s'il est en chasse ou occupé à quelque chose de plus intéressant que vous. L'astuce est de ne pas lui donner à manger lorsqu'il sort, mais lorsqu'il rentre, en guise de récompense.

La litière

Il n'est pas naturel pour le chat de faire ses besoins dans une litière, il est fait pour aller dans la nature, sur un sol meuble comme la terre. Alors, réjouissons-nous qu'il y aille ! Lui proposer une litière épaisse et naturelle lui donnera davantage envie d'y faire ses besoins. L'apprentissage se fait naturellement chez tous les chats si le lieu et la litière leur conviennent.

Les problèmes de comportement

Les problèmes de comportement ne sont qu'une forme d'adaptation à un environnement qui ne convient pas. Sur 10 chats ayant des problèmes comportementaux, 8 vivent en appartement. Un chat peut être heureux en appartement, mais seulement si son milieu est riche en stimulations et compense le manque du monde extérieur.

L'agressivité

Les chats peuvent se montrer agressifs envers nous. Il faut toujours en trouver la cause, mais généralement, c'est parce qu'il ne peut pas chasser et redirige son comportement sur tout ce qui bouge. Le but sera donc de compenser son manque d'activité en lui donnant de quoi s'occuper et se dépenser chez lui.

La cohabitation

Une bonne cohabitation rime généralement avec un bon partage de la litière. Le mieux est d'avoir une litière de plus que le nombre de chats (2 chats = 3 litières). Le chat n'aime pas forcément la partager. Placez-la dans un endroit intime, où il se sentira en sécurité, et arrangez-vous pour qu'elle soit toujours propre (même s'il y a plusieurs chats). L'idéal est d'enlever les souillures dès qu'il y en a.

Le stress

Suite à un stress, souvent déclenché par un déménagement ou l'arrivée d'un autre animal dans la maison, le chat peut uriner en dehors de sa litière pour marquer son territoire : c'est le problème de malpropreté le plus courant (voir aussi page 44). Pour éviter ce genre d'accident, procédez toujours par étapes.

Attention à distinguer le jet en l'air du chat qui urine vers le sol, qui indique plutôt un problème vétérinaire.

L'agressivité

Un chat agressif fait preuve d'un comportement, violent ou non, qui lui permet d'atteindre son objectif. L'agressivité est en effet utile dans la nature, car elle permet de protéger sa nourriture ou de défendre des besoins vitaux. Il est toujours possible de collaborer avec son chat pour qu'il comprenne et cesse un comportement gênant.

Le jeu dégénère

C'est important de jouer avec son chat, lui lancer une petite balle ou faire glisser une ficelle pour imiter le déplacement d'une proie. Cependant, il arrive qu'il nous griffe ou nous morde lors d'un jeu. Comme les enfants, le chat qui joue peut s'énerver. C'est à nous d'arrêter avant que le jeu dégénère ou d'ignorer le chat s'il nous a mordu ou griffé.

Les pieds

Les chats attaquent souvent nos pieds. En tant que prédateur, le chat est attiré par tout ce qui est petit et qui bouge. S'il ne peut pas sortir et chasser, ou s'il est encore trop jeune pour cela, il déchargera son besoin de chasser sur ce qu'il y a dans la maison : des pieds ! Cette simulation de chasse n'est rien d'autre qu'une forme de jeu. Dépensez votre chat en jouant avec lui pour détourner son attention de vos pieds.

Les morsures

Certains chats mordent et il est important de comprendre le contexte pour y remédier. Si le chat mord lorsqu'on le caresse, c'est parce qu'il en a assez — ce n'est pas parce qu'il vient sur nos genoux qu'il a envie d'être caressé. À nous de repérer le moment où il sature en fonction de son comportement. Si le chat nous mord souvent, c'est peut-être pour attirer notre attention, par ennui, par manque d'activité ou parce qu'il n'a pas eu sa maman assez longtemps auprès de lui pour lui apprendre à contrôler sa mâchoire. Beaucoup de chats mordent à cause d'un stress lié à des changements dans l'environnement ou à la présence d'un nouveau chat dans le quartier.

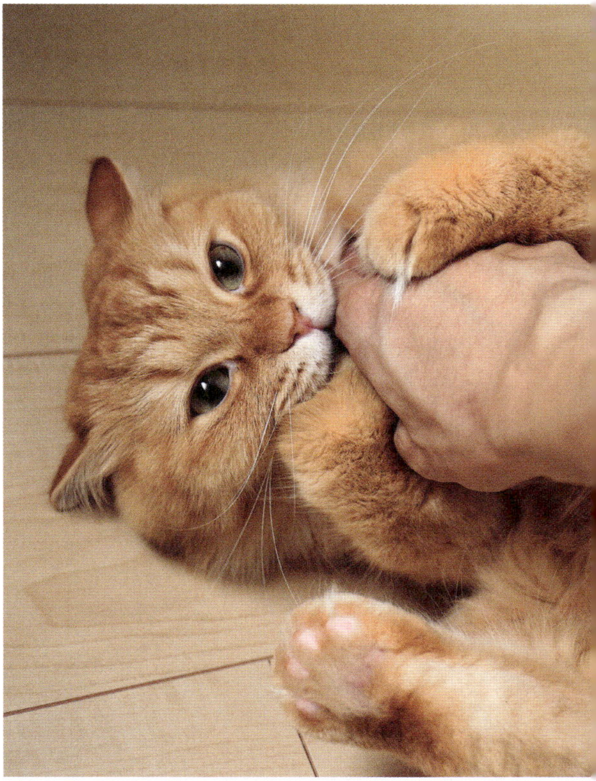

LES ÉMOTIONS

Comprendre son chat

Comme nous, les chats ont diverses émotions. Ils ressentent tout, ce sont de véritables éponges. Ils peuvent capter les émotions de l'environnement et nous détendre, mais aussi s'éloigner si le climat est trop lourd pour eux.

La joie

Le chat a les oreilles droites, la queue à la verticale, il marche d'une bonne allure, il émet des sons lorsqu'il vient à notre rencontre par exemple. Il est détendu et cligne des yeux. Les caresses, les jeux et simulations de chasse sont des activités qui lui procurent de la joie.

La tristesse

Certains problèmes de comportement expriment directement cette émotion. Souvent, les chats sont tristes lorsqu'ils restent trop longtemps seuls, sans leur humain de référence ou sans occupations. Certains chats vivant en appartement manquent d'activités, sont souvent seuls la journée et peuvent développer une certaine forme de dépression. Il faut donc enrichir leur environnement avec des jeux, un espace en 3 dimensions pour qu'ils puissent grimper et se cacher. Cacher des croquettes peut être une bonne idée pour qu'ils aient l'impression de chasser.

La colère

Comme nous, les chats peuvent ressentir de la colère, surtout lorsqu'on les met dans une situation qui ne leur plaît pas. Par exemple, quand on les enferme dans une boîte de transport, qu'on les force à prendre un médicament ou chez le vétérinaire. Le chat grogne, feule, griffe et peut mordre. Cette colère s'exprime par de l'agressivité s'il se sent menacé.

La peur

Les chats sont aussi des proies et il leur arrive souvent d'avoir peur, surtout lorsqu'ils se sentent menacés par un congénère, un prédateur ou par l'humain.

La position de la queue

La position de la queue du chat indique son humeur, son état émotionnel ou physique :

- *verticale, le chat est content*
- *pointée vers le bas et très courbée ou entre ses pattes : il a peur*
- *le chat courbe le dos et gonfle les poils de sa queue : il est menacé*
- *il fouette l'air de sa queue, rapidement : il s'agace ou souffre*
- *il balance lentement sa queue : il veut jouer, ou est très intéressé par quelque chose ou quelqu'un.*

Proie ou prédateur ?

Dans la nature, il y a ceux qui mangent les autres et ceux qui se font manger par les autres : les prédateurs et les proies. Les chats sont les deux et ils ont donc les comportements et les attitudes des deux. Pas facile d'être un chat !

Le chat est une proie...

Les chats sont des proies dans la nature et peuvent se faire tuer par d'autres animaux (les chiens sont les principaux prédateurs). Ils agissent donc en tant que tels : fuir lorsqu'il le faut, se cacher et voir sans être vus. Le chat peut se montrer à la fois craintif et impulsif s'il se sent menacé. Les proies possèdent souvent une grande sensibilité à l'environnement.

... mais aussi un prédateur !

Ce n'est pas facile d'être à la fois prédateur et proie ! Il faut chasser sans se faire chasser, voir sans être vu, guetter ses proies, puis les ramener pour les manger en sécurité. Comme tous les prédateurs, le chat dort beaucoup pour se reposer après une chasse.

Tout dépend avec qui

Le chat agit tantôt en mode « proie » avec méfiance, peur et besoin de se cacher, tantôt en tant que prédateur sûr de lui, en mode « chasse », traque et mise à mort. C'est un animal à la fois peureux et confiant. Le tempérament du chat influe également sur ses comportements. S'il se sent menacé par vous, il fuira ou ira se cacher facilement.

Un hypersensible

On entend souvent dire que les chats ont des pouvoirs magiques... En réalité, ils ressentent très bien les choses comme la plupart des proies. Cela leur sert à distinguer et à analyser précisément l'environnement pour se protéger. Ils sont capables de beaucoup plus qu'on ne le croit.

Il ressent nos émotions

Le chat est très sensible à tout ce qui l'entoure. En effet, les proies analysent plus facilement leur environnement, ce qui leur permet de fuir rapidement à l'arrivée d'un prédateur. Il ressent votre humeur : il ne vous approchera pas si vous êtes énervé, mais le fera peut-être pour vous consoler.

Il sait tout à l'avance

Le chat anticipe nos intentions. Il sera plus difficile à attraper le jour de la visite chez le vétérinaire. Les histoires de chats qui sentent quand quelqu'un va décéder et se mettent sur ses genoux ne sont pas que des légendes urbaines. Nos petits félins ont une sensibilité qui, bien utilisée, leur procure d'immenses pouvoirs. Par exemple, certains parviennent à retrouver leur chemin à des kilomètres !

Remerciements

Je remercie mon chat Nounou sans qui je n'aurais pas fait ce métier de formatrice et coach comportementaliste. Il m'a donné l'envie de le comprendre et de le connaître. Je le remercie de ne pas avoir supporté la vie en appartement et de m'avoir appris à promener un chat en laisse. Je le remercie de m'avoir fait comprendre qu'il faut accepter de lâcher prise. La plus grande preuve d'amour est la liberté et le respect des besoins de chacun.
Merci à mon autre chat, Tibou, de me montrer tous les jours la communication entre chat et humain et de me rappeler qu'à chacun de mes comportements considérés comme agressifs (involontairement), c'est lui qui a raison et qui répond tout en justesse.
En hommage à Garou. Tu as eu une vie extraordinaire grâce à Mamie qui t'a sauvé, puis tu as rencontré sa fille avec qui tu as eu une relation extraordinaire et tu as trouvé un foyer chez Papa et Maman, qui t'ont donné tout l'amour qu'ils pouvaient. Merci pour ces moments de partage et pour avoir été le chat le plus adorable et gentil que je connaisse. Tu seras pour toujours très bien dans ton jardin zen.
En mémoire de Raymond, le chat le plus heureux et le plus sociable que je n'ai jamais vu. Ta vie fut courte mais heureuse auprès de ton frère Firmin à qui tu manques beaucoup. Vivre heureux est déjà une très grande chance. Tu as eu une super famille qui ne voulait que ton bonheur et qui t'aimait très fort.

Les éditions Ulmer m'ont donné ma chance et m'ont fait confiance, jamais je n'aurais imaginé qu'il me serait possible d'écrire des livres !
Je remercie Florence Desachy, vétérinaire, de nous avoir mis en contact, les éditions Ulmer et moi.
J'ai été écoutée et soutenue depuis le début de notre collaboration par toute l'équipe Ulmer. Merci à Raphaèle Dorniol qui a été la toute première à me faire confiance. Elle a su me rassurer et nous avons pu avancer par étape. Merci également à Julia Verneau, la graphiste qui a fait un travail extraordinaire : le rendu est magnifique ! Un livre demande beaucoup de travail, je n'aurais pas pu réussir sans elles deux. Merci pour votre patience, les relectures et les conseils tout au long du processus. Je suis prête pour de nouvelles aventures !

Formation comportement du chat :
education-douce.com

Crédits photographiques

Adobe stock : pp. 2, 5, 6, 7, 8, 9, 10, 11, 12, 13 (haut), 14, 15, 16, 17, 19, 20, 21, 22, 23 (bas), 24, 25, 27, 28, 29, 30, 31, 33, 34 (bas), 35, 36, 37, 38, 39, 40, 41, 42, 43, 44, 45 (haut), 46, 48, 49, 50, 51, 52, 53, 54, 55, 56, 57, 58, 59, 60, 62, 63, 64 (bas), 65, 66, 67, 68, 69, 70, 71, 72, 73 (bas), 74, 75, 77, 78, 79, 80, 81, 82, 83, 84, 85, 86, 87, 90, 91, 92, 93, 94, 95.
Pexels : pp. 23 (haut), 26, 32, 47, 61, 73 (haut), 76.
Unplash : pp. 13 (bas), 18, 34 (haut), 45 (bas), 64 (haut), 88, 89.

33, rue du Faubourg Montmartre, 75009 Paris
Tél. : 01 48 05 03 03
www.editions-ulmer.fr
Retrouvez-nous sur Instagram :
@editionsulmer_animaux

Réalisation : Julia Verneau
Responsable éditoriale : Raphaèle Dorniol
Impression : Printer Trento, srl
ISBN : 978-2-37922-320-4
N° d'édition : 320-01
Dépôt légal : septembre 2023
Imprimé en Italie

MIXTE
Papier | Pour une gestion forestière responsable
FSC® C015829